Original Title: Balisches Flüstern

Copyright © 2024 Book Fairy Publishing
All rights reserved.

Editors: Theodor Taimla
Autor: Claudia Kuma
ISBN 978-9916-39-588-2

Balisches Flüstern

Claudia Kuma

Die Seele von Denpasar

Im Herzen von Denpasar verweilt,
Sanft wie der Wind, der durch Palmen eilt.
Stimmen weben durch Marktstände bunt,
Seelenlieder, in warmer Luft rund.

Leise flüstert das Pflaster Geschicht',
Vom Wandel, Zeit, und Gesichtern im Licht.
Kinderlachen füllt die Gassen,
Hoffnung, die wir niemals lassen.

Hier atmet Tradition ihre Lieder,
Alte Bräuche kehren immer wieder.
Die Seele von Denpasar, zart und rein,
Möge sie ewig geborgen sein.

Versprechen der Dämmerung

Wenn die Sonne den Horizont küsst,
Die Dämmerung zart Versprechen flüsst,
Lädt sie die Nacht zum Tanze ein,
Sterne funkeln, ganz fein und klein.

Das Licht verspricht, sanft und still,
Ein Morgen, der kommen will.
Ein neuer Tag bringt seine Gaben,
Nach einer Nacht in Dämm'rungsschatten.

Zwielicht webt sein zauberhaft Band,
Über das schlafende, stille Land.
Träume segeln in der Nacht,
Bis neue Wunder werden erwacht.

Mitternachtsblüten

Unter dem Mond, so kalt und klar,
Blüh'n Mitternachtsblüten, wunderbar.
In der Dunkelheit ihr Leuchten beginnt,
Wie Funken der Hoffnung, die nie erlischt.

Ihre Düfte schweben durch stillen Raum,
Wie süße Träume in nächtlichem Traum.
Verborgene Schönheit, im Schatten versteckt,
Nur für den, der sie nachts entdeckt.

Sie flüstern Geheimnisse in die Nacht,
Von Liebe und Leidenschaft sacht erwacht.
Mitternachtsblüten, zaubrisch und fein,
Geben dem Dunkel einen silbernen Schein.

Sonnenkuss in Seminyak

In Seminyak auf sanften Wellen reit',
Der Sonnenkuss die Zeit begleit'.
Glitzerndes Meer unter strahlendem Licht,
Ein Gemälde des Friedens, ein stilles Gedicht.

Die Wärme der Sonne, ein zärtlicher Gruß,
Verspricht der Seele süßen Verdruss.
Gedanken tanzen im goldenen Glanz,
Flüchtige Momente im Sonnentanz.

Das Rauschen des Meeres, so voll und klar,
Trägt fort die Sorgen, macht den Geist wieder wahr.
Sonnenkuss in Seminyak, hold und rein,
Möge sein Strahlen stets unvergänglich sein.

Geister des Reisterrassen

Zwischen Stufen, grün und weit,
Fühlen Geister sich befreit,
Flüstern Lieder in den Wind,
Die von alter Zeit beginnt.

In den Reisterrassen, still,
Spürt man Geistern sanften Will,
Sie bewahren das Gedeih,
In dem fruchtb'ren Talerei.

Morgentau auf jungen Halmen,
Schenkt den Seelen sanfte Balmen,
Welche weben Tag für Tag,
Ein Geflecht aus Glück und Plag.

Abenddämmerung bringt Ruh,
Geister in den Terrassen zu,
Stillen Frieden bringen sie,
Bis das Morgenrot erglühe.

Lied der Gamelan

Klänge fließen, schwer und klar,
Gamelan im Abendsonnenschein,
Töne weben nah und dar,
Eine Melodie zieht einsam ein.

Bronzene Gongs, sie rufen aus,
Die Seele Balis, tief und rein,
Jeder Klang ein sanftes Braus,
Verbindet Herz mit dem Sein.

In Harmonie, so schlicht und wahr,
Liegt Schönheit des Gamelan-Spiels,
Ein Klangteppich, wundervoll und rar,
Trägt Gedanken auf sanften Fliedels.

Das Lied verklingt, doch in der Luft,
Bleibt Melodie als süßer Duft,
Der Gamelan, still erwacht,
Hat weise Botschaft überbracht.

Wellenflüstern

Wellenflüstern an das Ufer spricht,
Eine Sprache, die verzaubert das Gesicht,
Auf und nieder, immerzu,
Trägt das Meer Geheimnis im Blau.

Gischt, die spritzt und leise lacht,
Erzählt von Weiten, unbedacht,
Des Horizonts ferne Lieder,
Flüstern zu den Stränden wieder.

Mondlicht tanzt auf Wasserkronen,
Glitzernde Tropfen haben begonnen,
Ein Reigen im nächtlichen Glanz,
Wellen, sie spielen den alten Tanz.

Silberne Wellen, zum Sand sie eilen,
In ihrem Rauschen Geheimnisse verweilen,
Sie umarmen die Küste, weich und warm,
Versprechend der Nacht ihren ewigen Charm.

Kerzenlicht in Uluwatu

Am Kliff das Licht flackert sacht,
In Uluwatu die Nacht erwacht.
Sterne leuchten überm Meer,
Kerzenzauber herrscht so sehr.

Die Wellen singen leise Lieder,
Kerzenlicht, es schwankt hinieder.
Düfte der Frangipani in der Luft,
Eine Brise trägt den Blütenduft.

Felswände ragen steil empor,
Kerzenschein an diesem Ort.
Stille umfängt das sanfte Licht,
In Uluwatu, das Gesicht.

Sonnenuntergangslohe

Feuerball sinkt ins Meer hinab,
Färbt den Himmel kunterbunt.
Sonnenuntergangslohe so lab,
Endet den Tag mit gold'ner Stund'.

Wellen glitzern im Abendrot,
Rauschen sanft, ziehen ihre Bahn.
Die Luft flimmert, kaum Wind, bloß Flaut,
Sonnenfeuer, bald ganz zerrann.

Möwen ziehen in das Farbenspiel,
Tanzen im letzten Tageslicht.
Sonnenuntergang, schönes Ziel,
Verspricht der Nacht das Sternenlicht.

Ameds verborgene Tiefe

Unter Wasser, still und klar,
Verborgen Tiefen, wunderbar.
Ameds Schätze, bunte Fisch,
Riffe, die umhüllen tisch.

Anemonen, weich und fein,
Tanzaufführung, ganz allein.
Strömung trägt den Taucher fort,
In Ameds verborg'ne Pfort.

Altes Wrack, Geschichte spricht,
Korallenriffe, Brechend Licht.
Ameds Tiefe, hält so viel,
Geheimnisse in Stille spiel.

Segelschiffe und Horizonte

Wellen ziehen, Segel straff,
Am Horizont ein weißer Schaff.
Schiffe gleiten über's Meer,
Ferne Ufer, seh' ich sehr.

Winde singen, Träume wehn,
Kurs gehalten, vorwärts gehn.
Horizonte, weit und blau,
Sehnsucht nach der Welt im Tau.

Masten krachen, Segel bauschen,
In der Freiheit Wellen rauschen.
Segelschiffe, Reise ohne End',
Horizonte, die kein Mensch kennt.

Tropfenspiel

Sanft fallen Tropfen, zart und klein,
Auf Blätter in des Waldes Schein.
Ein leises Plätschern, fern und nah,
Wie Melodien, wunderbar.

Sie tanzen, springen wild umher,
Ein Chor aus Nass, so kunstvoll schwer.
Im Rhythmus der Natur verwoben,
Ein Spiel, so lebhaft und erhoben.

Die Bäche singen ihr Lied dazu,
Von Tropfenklang und Morgentau.
Das Orchester aus Regenspiel,
Vollführt die Symphonie mit Stil.

In jeder Pfütze, groß und rund,
Wird Widerschein zu Lebenskund'.
Tropfenspiel in stetem Fluss,
Verklingt im Erdreich, stiller Kuss.

Geflüster im Sand

Im Sand der Zeit, geheimnisvoll,
Verborgen Geschichten, leise, zart.
Der Wind, er trägt sie, sanft und toll,
Ein Flüstern, das die Seele narrt.

Gedanken ziehen wie Schatten vor,
Am Strand entlang, im Abendrot.
Geflüster webt ein stilles Chor,
Versinkt im Sand, im Dämmerlot.

Die Wellen spielen mit jedem Korn,
Erzählen Sagen, längst vergessen.
Im Sand verweht, neu wird gebor'n,
Ein Flüstern, das wir kaum ermessen.

So ruht der Strand in alter Macht,
Geflüster trägt er durch die Nacht.
Der Sand bewahrt den Zeitenklang,
Bis Morgenlicht den Tag umfangt.

Tirta Empul's Echo

In Tempeln, alt und ehrwürdig,
Wo Quellen fließen, rein und klar,
Da hallt das Echo, weise, würdig,
Von Tirta Empul, wunderbar.

Die Stufen hinab, in heil'gem Glanz,
Betreten Gläubige das Ritual.
Im Wasser spiegelt sich ihr Tanz,
Ein Klang von Göttern, ohne Zahl.

Das Plätschern ruft in Balis Herz,
Ein Echo durch die Zeit gewebt.
Erfrischt die Seelen, löst den Schmerz,
Die Reinheit, die im Tempel schwebt.

Gebete steigen in den Himmel auf,
Das Wasser trägt sie, leicht und sacht.
Tirta Empul, mit deinem Lebenslauf,
Hast du uns Frieden hergebracht.

Die Stille von Canggu

In Canggu, wo die Wellen brechen,
Ruht Stille zart am Meeresrand.
Die Fischer dort im Morgengrauen,
Geben sich der Stille Hand.

Die Reisfelder in grünem Kleide,
Bewegen sich im Wind so leicht.
Die Stille, sie ist allgegenwärtig,
Hat selbst das tiefste Herz erreicht.

Die Palmen wiegen sich geschmeidig,
Die Sonne sinkt, die Stille wächst.
In Canggu's Arm wird Zeit zur Weide,
Wo Frieden sich in Seelen webt.

Wenn Sterne leuchten, klar und rein,
Erfüllt die Stille Nacht und Haus.
Canggu, im Dämmerschein allein,
Lässt jedes laute Wort zuhaus'.

Das Flüstern der Seidenweber

In stillen Hallen kaum ein Ton,
Geschickte Hände weben schon.
Durchs dünne Licht die Schatten gleiten,
Sie formen Stoff aus Traumgespinsten.

Der Seidenfaden zart und rein,
Vom Kokon gelöst, wird Kleider sein.
Geheimnisse in Stoff gebunden,
Mit jedem Knoten, Zeit gefunden.

Das Muster wächst, erzählt Geschichte,
Von alter Kunst und Handwerk Pflichte.
Sanft rieseln Fäden, flüstern leise,
In Seide webt sich's Leben weise.

Bis endlich dann das Werk vollbracht,
Glänzt Seide in der Sonnenpracht.
Der Weber lächelt, still und heiter,
Das Flüstern schweigt, die Seide weiter.

Wasserfallgeflüster

Wo Wasserfälle schroff und mächtig,
In schäumend wilder Pracht sich zeigen,
Geschieht ein Raunen, zart und sächlich,
Gedanken, die am Felse kleben.

Die Tropfen tanzen, springen, eilen,
Und flüstern Lieder alter Zeiten.
Verwandeln Felsen in Komponisten,
Und jede Pfütze lauscht beim Rauschen.

Im Wirbel spray und kühler Nässe,
Vergisst man Sorgen, Kummern, Schluchten.
Der Wasserfall, er singt von Freiheit,
Von ungezähmter Kraft und Mut.

Nun flüsternd in die Welt entlassen,
Vom Wasser treu nach Haus getragen,
Erklingt das Glück in nassen Chören,
In jede Seele sanft geflossen.

Pura Besakih Poesie

Auf Bali, wo die Göttern wohnen,
Steigt hoch der Meru, heil'ges Zeichen.
Der Pura Besakih in Wolken,
Ein Tempeltraum, aus Stein erwachsen.

Die Stufen steigen in den Himmel,
Durchdrungen von Gebet und Weihrauch.
Die Seelen suchen hier Erleuchtung,
Auf Pfade, die zu Erkenntnis leiten.

Behütet von der Wächter Stille,
Pura Besakih träumt in Sonne.
Vulkangestein, geschichtsträchtig,
Grenze zwischen Mensch und Gottheit.

Es flüstert leis' die Ahnenstimmen,
Im Wind der durch die Tempel zieht.
Die Ehrfurcht schmiegt sich an die Steine,
Pura Besakih - Poesie des Lichts.

Die Spur des Meru

Des Meru Spur in Wolkenfalten,
Erhebt sich, wo die Legenden wachen.
Ein Berg, der in Geschichten malt,
Sein Antlitz stolz in Himmel ragen.

Und an den Hängen, Zeit verweilend,
Die Bäume Wissen still bewahren.
Im Laub das Flüstern alter Riesen,
Die Wurzeln tief in Erde bohren.

Der Schritt, der über Pfade führt,
Berührt das Erbe alter Tage.
Des Meru Spur, ein heil'ger Ort,
Wo Götter spiel'n im Nebelkleide.

Hier endet nicht die Wand'rers Reise,
Denn Meru's Atem himmelstrebend.
Führt weiter, zu den Sternenreisen,
In jedem Stein ein Ewig webend.

Vulkanische Sehnsucht

Im Herzen der Erde, glühend und wild,
Verborgene Energien, unbändig und mild.
Sie brodeln und warten, mit machtvollem Klang,
Ein Vulkan träumt leise, der Sehnsucht Gesang.

Die Lava erzählt von innerem Glut,
Von einer Welt, die nach Freiheit ruht.
Eine Aschewolke steigt empor,
Trägt ferne Wünsche zum Himmel hinauf.

Tief in der Tiefe, ein funkelnder Schein,
Wo Magma fließt und Gestalten verein,
Erzählt von Mächten, verborgen, entfacht,
Von Vulkanischer Sehnsucht in dunkler Nacht.

Die Erde bebt, die Zeit sie rennt,
Der Berg erwacht, die Stille brennt.
Die Eruption bricht laut herein,
Und wird zu Stein die Sehnsucht sein.

Ozeanische Träume

Wellen tanzen in ozeanischem Blau,
Tragen Gedanken, leicht wie Morgentau.
Der Horizont küsst die Sonne zur Nacht,
In ozeanischen Träumen die Freiheit erwacht.

Das Salz auf den Lippen, die Weite im Blick,
Versunkene Städte, geheime Geschick.
Meeresrauschen, das die Stille durchbricht,
Wo Träume sich wiegen im Mondeslicht.

Korallenriffe in pulsierender Pracht,
Farben des Lebens, in Wasser gedacht.
Fische gleiten durch stille Domänen,
Ozeanische Träume, im Stillen vereint.

Vom Ufer entfernt, in die Tiefe getaucht,
Wo die Strömung trägt und der Geist versucht,
Zu erkunden, was unter der Oberfläche lebt,
In ozeanischen Träumen, die die Seele webt.

Göttliche Dämmerung

Die letzte Glut am Himmelsrand,
Die Sonne sinkt in stille Hand.
Göttliche Dämmerung zieht herauf,
Der Tag verblasst im Zeitenlauf.

Sterne flimmern, das Zwielicht spricht,
Vom Ende des Tages, dem nahenden Licht.
Die Dämmerung, so warm und weich,
Zeichnet Schatten, flüchtig und reich.

Am Firmament die Götter wacht,
Sie malen Träume in die Nacht.
Die Dämmerung teilt den Tag und Traum,
Ein göttlicher Kreis, ein ewiger Raum.

Schleier des Abends, zart und dünn,
Die Welt atmet aus, atmet tiefer Sinn.
Göttliche Dämmerung, sanft und klar,
Verspricht die Nacht, so wunderbar.

Am Ufer der Stille

Am Ufer der Stille, wo Wellen sanft klingen,
Lässt leise die Zeit Ihre Lieder erklingen.
Das Wasser, es flüstert von ruhigem Sein,
Am Ufer der Stille, da bin ich allein.

Die Gedanken, sie segeln auf gläsernem Teich,
Wo Spiegel des Himmels das Schweigen erreicht.
Und Blätter, sie tanzen im Wind so sacht,
Am Ufer der Stille wird die Nacht überdacht.

Der Mond zieht die Bahn in silbernem Schein,
Erzählt stille Geschichten, lädt Träumer herein.
Hier, in der Ruhe, findet sich Sinn,
Am Ufer der Stille, wo Gedanken beginn.

Das Echo der Wälder, so fernen Gesang,
Verwebt mit dem Rauschen einen weichen Klang.
Am Ufer der Stille, die Seele befreit,
Hier verweilt die Ewigkeit in zärtlicher Weit.

Echo der Vulkane

Tief in der Erde, im Dunkel verborgen,
Lauern die Kräfte, die schlafen sorgen.
Ruhe vor Sturm, im Mantel der Nacht,
Warten sie leise, bis Feuer erwacht.

Brodeln und zischen, der Kammern Gesang,
Mächtiges Echo, der Vulkane Klang.
Lava, die strömt in der Finsternis Tanz,
Pulsiert durch die Risse, in glühender Glanz.

Berge, sie beben, die Asche steigt auf,
Säulen aus Rauch, in des Himmels Lauf.
Naturelemente in urgewalt'ger Pracht,
Die Erde sie formen, mit unendlicher Macht.

Der Mensch, klein und flüchtig, vor Ehrfurcht still,
Spürt die Gewalt, die aus Tiefe quillt.
So erzählt das Echo, in Donner und Stein,
Vom Herz der Erde, so mächtig und rein.

Orchideen im Morgenlicht

Die Morgensonne, zart erwacht,
Berührt die Blüten, sacht, mit Macht.
Orchideen im Morgenrot,
Zeichnen Wunder, groß und bloß.

Tau benetzt, die Blätter fein,
Glänzen wie Diamanten, rein.
Farbenspiel in früher Stund',
Die Natur spricht, ohne Mund.

Elixier des neuen Tags,
In jedem Tropfen, Leben lacht.
Orchideen im Lichtermeer,
Zauberhaft, geborgen, mehr.

Erwachen in der Stille Ruh,
Zeugen zarter Kraft im Nu.
Im Morgenlicht, so still, so klar,
Die Schönheit offenbart, ganz wunderbar.

Segen des Regens

Leise flüstert Regens Lied,
Auf das Land, das sanft erglüht.
Vom Himmel fällt's in sanften Weisen,
Nimmt die Welt in nassen Reisen.

Tropfen küssen durst'ge Erden,
Wollen Wachstum sanft gebärden.
Segen trägt die feuchte Gabe,
Spült das Leid in tiefe Grabe.

Pflanzen recken ihre Blätter,
Freuen sich auf feuchte Wetter.
Grün erstrahlt in frischem Glanz,
Unterm nassen Himmelstanz.

Wasser zeichnet Lebensspuren,
In die Erde, die Natur.
Dankbar nimmt die Schöpfung an,
Was als Regen einst began.

Flug des Drachen

Hoch am Himmelszelt entfacht,
Ein Drache seine Bahnen macht.
Mit Schwingen, stolz und weit gespannt,
Er schneidet durch das Himmelsland.

Der Sonne gleich, sein Augen glüh'n,
Beherrscht des Windes starke Züg'n.
Die Wolken teilen sich geschwind,
Im Flug des Drachen, stark und lind.

Feuerspucken, Lichterpracht,
In der Dunkelheit der Nacht.
Er malt die Sterne neu ins Rund,
Ein Wächter dieser stillen Stund'.

Mit Majestät und Eleganz,
Der Drachen hebt zu letztem Tanz.
Er schwebt dahin, verlässt den Kreis,
Ein Mythos, frei und weise leis.

Pfad der Schatten

Im Dunkeln liegt verborgen Glanz,
Auf weichem Moos der Schritte Tanz,
Der Mond zieht sanft sein Silberband,
Gleitet leise über stillen Strand.

Hier wo die Geister Geschichten weben,
In Echos ferner Nächte leben,
Schleicht durch die Äste kühler Wind,
Der Pfad der Schatten sich beginnt.

Durch finster Wald und kühlen Grund,
Erscheint die Nacht in stiller Stund,
Zwischen den Bäumen, unter Sternenschein,
Wandert der Schatten, nie allein.

Geflüster wächst im Dämmerlicht,
Ein fahler Schein im Gesicht,
Der Pfad verliert sich ins Nirgendwo,
Verborgen bleibt des Mondes ro.

Feuertänzer

Im Glutkreis tanzend, wild und frei,
Flackern Flammen, Lodernschrei,
Die Funken steigen himmelwärts,
Im Tanz vereint, ein Feuerherz.

Sprühend Funken in der Nacht,
Hat der Tänzer Macht entfacht,
Mit jedem Schritt, mit jeder Dreh,
Ein Lebensfeuer nimmt seinen Weh.

Wie Phoenix aus der Asche steigt,
Jede Bewegung Leidenschaft zeigt,
Er tanzt bis dass der Morgen graut,
Wenn leise die Glut im Wind verhaut.

Die Welt in Rot und Orange gehüllt,
Wird mit Wärme sanft erfüllt,
Im Feuertanz verborgen liegt,
Eine Kraft, die Himmel wiegt.

Lächeln von Jimbaran

Am Strand von Jimbaran bei Nacht,
Wo das Meer sanft Wellen macht,
Strahlt der Mond aufs Wasser klar,
Ein Lächeln schwingt in der Luft, wunderbar.

Fischerboote wiegen sich im Takt,
Ein frohes Lied in die Stille gepackt,
Ein Lächeln, das ohne Worte spricht,
Und sich ins weite Meer verflicht.

Im sanften Schein der Laternenlichter,
Erzählen Gesichter von alten Dichter,
Das Lächeln von Jimbaran so rein,
Es ladet ein, hier glücklich zu sein.

Das Echo des Lachens trägt weit,
Über den Sand, durch die Ewigkeit,
Im Lächeln von Jimbaran geborgen,
Vergeht die Zeit, entschwebt den Sorgen.

Spiegel der Reisfelder

Im Wasser der Reisfelder weit,
Spiegel sich Himmel, Erdeleit',
Grün der Halme in sanfter Pracht,
Hält in sich den Tag und die Nacht.

Der Spiegel, er lügt niemals dort,
Zeigt des Himmels Wolkenfort,
In ihm schwimmt des Lebens Lauf,
Nimmt im Glanz den Himmel auf.

Sanft kräuselt Wind die stille Flut,
Malen Reisfelder Lebensmut,
Wie ein Gemälde voll Farben und Licht,
Erzählt der Spiegel sein Gedicht.

Und bei dem Morgensonnengruss,
Ist es, als rief die Erde, hör den Kuss,
Ein Spiegelbild so klar und rein,
Schenkt Frieden ein und lässt uns sein.

Vulkanische Vorsehung

In Schatten ruht die Lava Glut,
Tief im Erdreich, voll Ungeduld.
Hofft auf den Tanz, den sie so gut,
Wenn's zittert, sie mit Macht entfult.

Zwei Platten sich im Stillen schieben,
Druck baut sich auf, die Zeit sie zählt.
Die Vorsehung, sie wird bald blieben,
Und was verborgen, wird enthüllt.

Am Himmel dann die Asche schreitet,
Die Sonne sich im Dunkeln birgt.
Der Vulkan seine Macht verbreitet,
Das Land in Ehrfurcht sich verhügt.

Doch nach dem Grollen und der Pein,
Bringt fruchtbare Asche neues Sein.
Das Leben kraftvoll neu erstrahlt,
Durch vulkanische Macht neu gestahlt.

Sehnsucht der Sehnsüchte

Ein Hauch, ein Blick, gefangen tief,
Die Seele strebt, das Herz es ruft.
Im Innersten das Verlangen schlief,
Nun entfesselt, voll Leidenschaft.

Durch Wälder alt, ozeanweite Fern,
Sehnsucht der Sehnsüchte trägt mich fort.
Zu lieben, leben, zu spüren den Stern,
Der heimlich leuchtet, an verborg'nem Ort.

Im Traum der Nächte, im Flüstern des Tages,
Unerreicht und doch so nah.
Von des Verlangens süßester Plage,
Schwebt die Seele, wahrhaftig und klar.

Doch find' ich dich, am Ende dieser Reise,
Dann stillt sich die Sehnsucht, in wärmender Weise.
Zwei Herzen vereint, im Einklang der Frequenzen,
Erfüllt von Liebe, jenseit'ger Präsenzen.

Geheimniskrämerische Küsten

Geheimniskrämerische Küsten so weit,
Bewahren Geschichten aus alter Zeit.
Der Wellen Gesang, im Winde die Sage,
Erzählen von Seefahrern, Piraten mit Plage.

Das Rauschen der Gischt, der Möwen Schrei,
So manches Schiff auf ewiger Reise vorbei.
Felsformationen stehen stolz an der Wacht,
Bei Tag und Nacht halten sie ihre Macht.

Schätze verborgen, tief unter dem Meer,
Sirenen, die locken, doch die Rückkehr ist schwer.
Das Salz in der Luft, das Blau des Horizonts weit,
Erwecken die Sehnsucht nach Freiheit und Heiterkeit.

Die Küsten, sie flüstern von Abenteuern still,
Wer lauscht kann erfahren, was die Seele will.
Im Einklang mit Natur und der Wellen Tanz,
Bergen sie Leben und endlose Glanz.

Tiefes Blau des Padangbai

In Padangbai, da ruft das Meer,
Tiefes Blau, geheimnisvolle Wehr.
Die Wellen singen, sanft und klar,
Von verborg'ner Schönheit, wunderbar.

Taucher schweben, in Stille fasziniert,
Vom Korallenwald, der bunt dekoriert.
Fische gleiten durch das Wasser ganz sacht,
Im Rhythmus der Strömung, bei Tag und bei Nacht.

Das Blau so tief, es zieht dich hinein,
Verspricht dir Frieden, lässt Sorgen klein.
Unter der Oberfläche, ein Frieden so schwer,
Padangbais Blau, ich sehne mich sehr.

Im Schatten der Boote, im Sonnenuntergang,
Die Zeit vergeht leise, ohne Drang.
Padangbais Blau, bewahre dein Geheimnis tief,
Bis ich zurückkehre, und in deine Farben schweif.

Nachtlied von Batubulan

Im weichen Licht der Sternenflut,
Verglüht ein Tag in Batubulan.
Die Stille singt ihr Nachtlied gut,
Ein Zephyr weht durch Palmen dann.

Die Schatten schmiegen sich ans Land,
Gebettet in die Dunkelheit,
Gleicht jeder Baum 'nem Riesenbrand,
In dieser ruhenvollen Zeit.

Ein Tanz beginnt im Mondenschein,
Wo Geister durch die Träume ziehn.
Die Nacht birgt Frieden, tief und rein,
Bis frohe Farben wieder blühn.

Die Sterne flüstern leis' Gesang,
Der Himmel hält die Erde warm.
In Batubulan, ohne Zwang,
Erfüllt die Nacht mit ihrem Charm.

Schattenspiel

Ein Schattentanz an Wänden flicht,
Sich windend in der Mittagssonne.
Er zeichnet Formen, Gesicht,
Verschwindend und erscheinend Wonne.

Vorbei an Fenster, Wand und Tür,
Die Lichter malen stumme Blick.
Verborgenes wird zur Zier,
Im Schattenspiel verborgnes Glück.

So flackert Zeit, sie rinnt dahin,
Als Schatten auf dem Erdenrund.
Ein stetes, flüsterndes Beginn,
In sanfter Eil' und schweigend bunt.

Das Spiel, es wandert, ruht dann aus,
In Ecken, wo kein Lichtstrahl fällt.
Bis morgens Sonne zieht nach Haus,
Und neues Spiel den Tag erhellt.

Der Duft von Kaffeeblüten

Ein Aroma, sanft und rein,
Durchweht das Haus in früher Stund'.
Die Blüten des Kaffees sein,
Ein Duft, so frisch und wohlbekund'.

Es lockt mich aus dem Bett heraus,
Der Geruch so zart und voller Kraft.
Er führt mich durch des Morgens Graus,
Bis wach und voller Elan geschafft.

Mit jeder Blüte, die entspringt,
Erwacht in mir ein neuer Sinn.
Der Geist, der sich zu Klaren schwingt,
Im Duftesmeer ein heiterer Gewinn.

So fühlt sich Tagbeginn ganz fein,
Wenn Kaffeeblüten ihre Pracht,
Uns schenken ihren Duft allein,
Ein guter Morgen frisch erwacht.

Tropische Morgenröte

Am Horizont, da bricht sich Licht,
Die Morgenröte küsst das Land.
Vom Tropenwind leis' umsicht,
Ein neuer Tag nimmt seinen Anstand.

Die Vögel singen Chöre stolz,
Die Luft ist frisch und flüstert leise.
Der Tag beginnt mit sanftem Holz,
Und Farben spielen ihre Reise.

Die Sonne kriecht aus blauen Fluten,
Der Himmel malt ein Meisterstück.
In warmen Rot und Gelbtönen Gluten,
Verspricht der Tag beglücktes Glück.

So wach ich auf in diesem Traum,
Von Farben, Licht und Liedern bunt.
Die Tropenmorgenröte, ein tiefer Raum,
Eröffnet mir des Tages Rund.

Schätze von Lovina

Das Meer küsst sanft die schwarzen Sande,
Ein Fischerboot schaukelt in der Bucht,
Lovinas Schätze, reich und grande,
In Morgensonne, frisch und unberührt.

Die Delfine spielen in den Wellen,
Begleiten den Tag mit frohem Sinn,
Ihre Sprünge, die Geschichten erzählen,
Von Freiheit und des Meeres Gewinn.

Palmblätter flüstern alte Weisen,
Die Berge rahmen das Paradies,
Eden mag hier anders heißen,
Doch jeder Schatz hat seinen Preis.

Die Brise trägt ein lieblich' Lied,
Von Liebe, Glück, und stille Macht,
Die in Lovinas Herzen glüht,
Bei Tag erwacht und in der Nacht.

Balinesische Elegie

Im Schatten alter Tempelmauern,
Ertönt ein Klang so weich und sacht,
Gebete, die zum Himmel trauern,
In balinesischer Elegie der Nacht.

Die Götterbilder, stolz und kühn,
Mit Opfergaben zart geschmückt,
Erzählen von dem ew'gen Grün,
Das tief in Seelen sich verstrickt.

Reisfelder in der Abenddämmerung,
Eine Sinfonie in Smaragd und Gold,
In Elegie und sanfter Schwärmerei,
Vergeht die Zeit, wird nimmer alt.

Doch ewig flüstert Windeswehen,
Durch Blätterwerk, so schwer und müd',
Balinesisch' Seelen nie vergehen,
In Elegie – ein letztes Lied.

Pfade unter Sternen

Wenn Sterne auf die Erde zieh'n,
Und Nacht den Himmelspfad erkennt,
Die Dunkelheit sanft Lieder singt,
Wird Seelenruh sein Herz genennt.

Geflüster in der Nacht entsteht,
Pfade unter Sternen klar,
Jeder Schritt, der leise geht,
Ist des Kosmos Zwiegespräch, fürwahr.

Die Silberlichter sanft berühren
Den Boden, wo wir wandern sacht,
Und in der Stille sich verführen,
Im Sternenmeer der dunklen Nacht.

So find' ich unter Sternenzelten,
Den Weg, der Heimwärts mich nun führt,
Von fernen Welten, anderen Welten,
Wo Sehnsucht in den Herzen spürt.

Mystische Strömungen

In tiefen Wassern, still und weit,
Umgeben von der Dunkelheit,
Es treiben Geheimnisse, unentdeckt,
Wo mystische Strömungen ewig versteckt.

Undurchdringlich die Tiefe ruht,
Verbirgt so manche Lebensflut,
In Stille und Dunkel die Korallen pracht,
Dort tanzt das Licht, unsichtbar gemacht.

Die Ströme tragen in ihnen das Wissen,
Von versunkenen Städten, die längst ergriffen,
Vom Meer in sein ewiges Reich hinein,
Mystische Strömungen, stumm und allein.

So flüstert das Wasser sein altes Gedicht,
Von Welten, die fern der Sonne Gesicht,
Still kreisen und strömen in tiefer Nacht,
Mystische Strömungen, leise erwacht.

Kasmaran – Verliebt im Paradies

Im Paradiese, hell und weit,
Blüht Liebe in der Einsamkeit.
Sanfte Brisen, Meeresrauschen,
Sind wie Küsse, die uns berauschen.

Über uns des Himmels Zelt,
Unter uns der schönste Ort der Welt.
In deinen Armen, Zeit verloren,
Neu geboren und wiedergeboren.

Morgentau auf grüner Flur,
Kasmaran, Liebe pur.
Hand in Hand am weißen Strand,
Verliebt im fernen Traumland.

Sterne funkeln uns zur Nacht,
Haben uns hierhergebracht.
In den Wellen, leise Lieder,
Kasmaran - die Liebe siegt immer wieder.

Echo der Traditionen

Alte Lieder, Weisen weich,
Geflüster alter Zeiten reich.
Worte schweben, nimmermüde,
In der Luft wie ew'ge Blüte.

Glockenklang und Feierstunden,
Von den Vorfahren verbunden.
Traditionen, stark und klar,
Unsichtbare Wahrheit offenbar.

Knarrend Holz und Ledergeruch,
Alte Geschichten, ein steter Besuch.
Weisheit liegt in jedem Winkel,
Tradition, des Lebens Funken.

Echo hallt von Wand zu Wand,
Erzählt von einem starken Band.
Herz zu Herz und Hand in Hand,
Führt das Echo der Traditionen durch das Land.

Geisterhausflüstern

Im Geisterhaus, wo Schatten wohnen,
Hört man leise Flüstertönen.
Geschichten aus vergang'ner Zeit,
Verborgen in der Dunkelheit.

Stimmen aus der Anderwelt,
Von ferner Epoche erzählt.
Wände, die Geheimnisse halten,
Flüstern von ungelösten Gestalten.

Nächtens, wenn das Mondlicht scheint,
Und kühler Wind durch Ritzen weint.
Lauscht man still, ganz unverwandt,
Dem Geisterhausflüstern, faszinierend gebannt.

Sacht schreitet man auf alten Dielen,
Fühlt das Wispern, kann es fühlen.
Im Flackern einer einz'gen Kerze,
Gibt das Haus Geheimnisse preis, in stummer Scherze.

Smaragdgrüner Horizont

Am smaragdgrünen Horizont,
Wo das Meer den Himmel küsst.
Träumt mancher von der Ferne,
Vergisst, was er zuhause misst.

Grüner Glanz auf weiten Wellen,
Treibt unsere Sehnsucht voran.
Horizonte, ewig lockend,
Ziehen den Blick in ihren Bann.

Leuchtturm wacht am Rande der Welt,
Sein Licht so fahl im Morgen erwacht.
Wir stehen hier, ganz still, ganz leis',
Bewundern, was die Nacht entfacht.

Smaragdgrüner Horizont, nimm mich hinfort,
Über die Meere, an einen anderen Ort.
Wo Hoffnung glänzt in jedem Strahl,
Dort find' ich Frieden, meine Wahl.

Gezeiten der Stille

Unter dem silbernen Mondenscheine,
Liegend am stillen Meeresgestade,
Erfülle die Nacht mit sanfter Ruhe,
Lauschend den Gezeiten, Stille bade.

Wogen, die leise ans Ufer schmiegen,
Sterne, die flüstern in alter Weise,
Zephyrs Hauch trägt weg die Sorgen,
In stummen Wassern finden wir leise.

Welten entfernt vom Alltagsstreite,
Das Herz im Einklang mit der Ebbe,
Stille spricht in geheimen Zeichen,
Die Seele ruht, und Zeit vergeht behäbige.

Gezeiten der Stille, komm, umfange mich,
Dein Rhythmus wiegt meinen Geist zur Ruh',
Lass mich versinken in tiefer Stille,
Bis das Morgenlicht bricht durch mit Gruss.

Flüsternde Winde von Ubud

Im Hügelland, wo Palmen neigen,
Flüstern Winde Geschichten alt,
Sie tanzen im Balinesischen Segen,
Ubud's Atem, der niemals kalt.

Reisfelder in smaragdener Tiefe,
Leise murmeln sie im Windeslauf,
Tempel wachen stets in Ehre,
Spirituelle Lieder steigen auf.

Künstlerhand schafft Wunder feine,
In Ubud, wo die Muse weilt,
Malerei von Sonnenstrahlen leine,
Wasserfälle, die der Seele heilt.

Flüsternde Winde, traget meine Sorgen,
In das Herz der Insel, tief hinein,
Wo der Morgen beginnt ohne Borgend,
Und die Nächte voller Sternelein.

Gewebte Träume

In stiller Nacht, wenn Träume weben,
Die Stille spinnt mit silbernem Faden,
Gedanken, die wie Schiffe schweben,
Im Meer der Ruhe sanft hinaden.

Die Seele wandelt auf Pfaden licht,
Durch Wälder tief, und beruhigte Meere,
Jedes Bild, fein im Traume gesicht,
Ein Gewebe aus Fantasie, Zauberei sehr ehre.

Träumer, lass deine Hoffnung fließen,
Wie ein Fluss, der stetig treibt,
Quellen, die aus Herzen schießen,
Wo jeder Traum seine Zeit überleibt.

Gewebte Träume, bunt und klar,
In jedem Faden, ein wunderbarer Wahn,
Mit jedem Morgen, neu offenbar,
Die Träume, wie ein ewiger Fadenbahn.

Inselschatten

Im sanften Licht der Dämmerstunde,
Die Insel wirft den Schatten lang,
Gedanken, die in stiller Runde,
Ein leises Lied, ein weicher Klang.

Das Meer umspült die dunklen Riffe,
Der Mond, ein Schirm, verbirgt sein Spiel,
Flüsterworte, wie leise Hieroglyphe,
Der Nacht, ihr Samt, ihr sanftes Ziel.

Palmen wiegen im nächt'gen Flüstern,
Schatten tanzen im Mondenschein,
Garn gewoben aus nächtlichen Lüstern,
Die Insel birgt das Geheimnis, ganz allein.

Inselschatten, umfange die Seelen der Nacht,
Halte sie warm in deinem dunklen Arm,
Bis der Morgen erwacht in voller Pracht,
Und das Licht sie löst mit seinem hellen Charm.

Tänze unter Palmen

Unter den Palmen wirbeln und dreh'n,
Leise die Flüsterwinde weh'n,
Schatten tanzen im Mondenschein,
Wie flüstern Geheimnisse weich und fein.

Bare Füße auf warmem Sand,
Ein Rhythmus bekannt und doch unbekannt,
Hände greifen nach Sternenglanz,
In der Nacht beginnt der Palmentanz.

Leise Musik aus ferner Zeit,
Herzen klopfen im Einklang, bereit,
Palmen wiegen sich sacht im Takt,
Ein Traum, der leise die Nacht entfacht.

Lichter funkeln in dunkler Nacht,
Tänzer schweben, von Träumen entfacht,
Unter Palmen, in süßer Ruh,
Verweilen sie bis der Morgen gru.

Versteckte Tempelgeheimnisse

Tief im Dschungel, verborgen und still,
Liegt ein Tempel, geheimnisvoll und voller Will',
Alte Mauern von Moosen bedeckt,
Hüten Geschichten, längst versteckt.

Säulen ragen in's Himmelszelt,
Erzählen von einer vergangenen Welt,
Flüstern Legenden in die Dunkelheit,
Von Macht und Liebe, Kampf und Leid.

Kammern, die in Stille ruh'n,
Bewahren die Rätsel der alten Ru'n,
In Schatten spielen Lichtreflexe,
Enthüllen langsam die alten Texte.

Stufen führen ins Inn're hinab,
Wo das Geheimnis seinen Anfang hab',
Echos hallen durch Hallen weit,
Der Tempel kennt die Ewigkeit.

Mond über Kuta

Über Kuta, so ruhig und klar,
Schwebt der Mond, er scheint so wunderbar,
Sein Silberlicht über Wellen bricht,
Malend Diamanten auf's Meer Gesicht.

Palmen schwingen im Nachtwind sacht,
Sie tanzen leise in süßer Nacht,
Sterne funkeln, begleiten den Mond,
In Kuta's Himmel, wo Frieden wohnt.

Wellen tragen das Mondenlicht,
Umspülen die Füße, die im Sande sich sicht',
Ein Lied der Stille singt die See,
Bei Mondenschein auf hoher See.

Nachtluft trägt den Duft des Meers,
Geheimnisse flüstern, immer mehr,
Mond über Kuta, zauberhaft und zart,
Behütet die Nacht, bis der Morgen start.

Gischt der Götter

Wo das Meer auf Klippen trifft,
Gischt in die Höh'n die Luft durchsifft,
Singen Wellen von alter Macht,
Der Götter Zorn in stürmischer Nacht.

Sprühend weiß die Gischt, ein Tanz,
Wie Götter spielen im Wellenglanz,
Sie raufen, toben mit Donnerklang,
Meeresschaum der Schöpfungsgang.

Gischtkronen, hoch in die Lüfte getragen,
Erzählen von ungestümen, alten Tagen,
Von Poseidons Reich und seiner Wut,
In der Tiefe ruht des Meeres Glut.

Im Sprühnebel fühlen wir uns klein,
Wie Kinder der Erde, zart und rein,
Die Gischt der Götter, wild und frei,
Bindet Land und Meer zu ew'ger Treu.

Schutzgeister

In stillen Nächten, leise Wacht,
Für unsre Träume, halten sie die Macht.
Sie flüstern sanft, durch jeden Traum,
Schirmen die Seele, wie ein Baum.

In Momenten der Gefahr, ganz nah,
Bei Tag und Nacht, stets wahr.
Lichter Funken in der Düsterkeit,
Schutzgeister in der Einsamkeit.

Stille Hüter alter Zaubersprüche,
Wachen über unsere Wege und Bücher.
Mit warmen Blicken, ohne Furcht und Leid,
Schenken uns Trost und Sicherheit.

Unsichtbare Freunde, nicht geboren,
Geben Hoffnung, die oft verloren.
Sie sind es, die mit Herz und Hand,
Stets bewahren unser Heimatland.

Bambusgeisterflüstern

Im Bambushain, bei Mondenschein so klar,
Die Geister flüstern, leise und bizar.
Sie tanzen zwischen grünen Stämmen hin,
Gedanken webend in den Wind.

Die Blätter rascheln, Geister sprechen,
Von Geheimnissen, die das Herz erweichen.
Bambusgeisterflüstern, süß und sacht,
Durch die Stille der tropischen Nacht.

Mit Geschichten aus altem Munde,
Erfüllen sie die nächtliche Stunde.
Bis der Morgen das Dunkel bricht,
Bleibt ihr Lied ein stilles Gedicht.

Sie verweilen nur bis das erste Licht erwacht,
Dann schlafen sie ein, ganz ohne Pracht.
Doch ihre Flüstermelodie von Fern und Nah,
Bleibt im Herzen, immer da.

Träumer von Tanah Lot

Am Tanah Lot, in der Brandung Skin,
Träumt ein Mensch, ganz still und tief drin.
Die Wellen schlagen an den Tempelstein,
Umgeben von Gischt, der Träumer ist allein.

Die Legende lebt im Herzen fort,
Von Göttern, Mythen, heiligem Ort.
Die Dämmerung legt sich übers Meer,
Der Träumer von Tanah Lot sehnt sich sehr.

Er träumt von Göttern, alt und weise,
Von einer Welt, ohne Kompromisse.
Der Tempel steht, so fest und stolz,
Im Träumerherz, da tobt ein Stolz.

Die Sonne sinkt, das Schauspiel endet,
Das Meer, das Zeit und Raum verbündet.
Der Träumer erwacht, am heiligen Lot,
Mit Seelenruh und Morgenrot.

Geheimes Sidemen

In Sidemen, versteckt und still,
Wo die Zeit ihre Schritte zögernd füllt.
Die Reisfelder im grünen Kleid,
Erzählen Geschichten aus alter Zeit.

Ganz sanft, die Hügel sich umarmen,
Als könnten sie die Felder wärmen.
Ein kleiner Ort, von Mythen schwer,
Bewahrt das Geheimnis, immer mehr.

Die Nebelschwaden in den Frühenstunden,
Haben den Frieden hierher gesunden.
Das Geheime, tief verwurzelt, echt,
Lebt fort in Sidemen, still und schlecht.

Die Menschen wissen, ehren die Stille,
Bewahren das Dorf vor fremder Wille.
Geheimes Sidemen, so selbstbewusst,
Berg und Tal in ihm ruh'n und ruh'n muss.

Korallenherz

Im Ozean der Stille weit,
Ein Herz aus Korallen, bunt und leicht,
Es schlägt im Rhythmus der Gezeitenzeit,
Vom salzigen Wasser weich umschmeicht.

Vergessen tief im Meer verborgen,
Geheimnisse in seiner Kammer wohnen,
Von stummen Fischen sacht geborgen,
Inmitten tausend farb'ger Kronen.

Ein Jäger dieser Schätze Traum,
Taucht hinab in blaue Gründe,
Berührt das Herz, fühlt sich wie Schaum,
Verschmilzt mit Meer in ew'ge Bünde.

Doch sollte man es nie entreißen,
Dem Abgrund, der es liebend hält,
Es darf in Freiheit weiter kreisen,
Ein Korallenherz, das wacht die Welt.

Flüsternde Winde

Flüsternde Winde, sie streifen die Felder,
Tragen die Samen, erzählen von Welten,
Sie wiegen die Blätter in schlafender Ruh',
Vermitteln die Düfte, das Leben dazu.

Sie singen von Orten, noch niemand gesehen,
Von Gipfeln so hoch, wo die Sterne stehen,
Sie hauchen die Segel, treiben das Korn,
Verbreiten die Kunde - ein Traum ist gebor'n.

Sanft schmeicheln sie Haut, kühlen das Gesicht,
Bringen Erinnerung, ein stilles Gedicht,
In Bäumen ein Rascheln, ein Tanz, eine Melodie,
Ein Flüstern von Freiheit, ein Hauch von Idyllie.

Am Ende des Tages, wenn's Licht sanft entschwindet,
Die Winde sie summen, als ob sie verbindet,
Ein Lied, das zu Herzen in Stille dann dringt,
Der Einklang, der in den flüsternden Winden singt.

Verwunschene Wasserfälle

Tief im Wald, verborgen, wild,
Stürzen Wasser, ungezähmt und mild,
Sie fließen über Moose, Stein,
Ein verwunschener Ort, geheim und rein.

Von Farnen sanft umschmeichelt,
In Nebelschleiern zart gestreichelt,
Versteckt vor Augen, die nicht sehen,
Kann hier die Zeit in Stille stehen.

Legenden ranken sich um diese Fälle,
Von Nymphen, Geistern, in den hellen,
Kristallnen Tropfen, die hinabfallen,
Und mit dem Wind Gesänge schallen.

Die Sonne bricht sich in dem Sprüh'n,
Lässt Farben wie aus Träumen blüh'n,
Verwunschene Wasserfälle, sie erzählen,
Von uralter Magie, die niemals wird fehlen.

Labyrinth der Götter

In alten Zeiten, weit entrückt,
Ein Labyrinth, das Schicksal zückt,
Verwinkelt sind die Wege dort,
Von Göttern einst erschaffen, Hort.

Dort wandelt man auf steinern Pfad,
Gedanken fließen stetig sacht,
Durch Mythenweben, Kraft erwacht,
Wo Zeit selbst ihre Fäden naht.

Man sagt, das Zentrum hält verborgen,
Den Schlüssel zu den ew'gen Morgen,
Wo Götter noch in Träumen wandeln,
Und ihre Fäden durch die Zeiten handeln.

Vergessen nicht, das alte Tor,
Es steht für jene, die zuvor,
Erblickten jenes Labyrinths Kern,
Der Götter Weisheit, fern und gern.

Flirrende Hitze

Die Sonne brennt, die Luft flirrt schwer,
Ein Raunen liegt über dem kargen Land,
Kein Lufthauch, die Erde wie ein heißen Herd,
Fata Morgana tanzt am fernen Strand.

Die Hitze kriecht in jede Ritze rein,
Durchdringt die Stille mit zähem Lauf,
In Mittagsglut, wo Schatten fliehn und klein,
Rastet die Welt in ihrem Tageslauf.

Bald sinkt die Sonne, rot und müde gar,
Die Abendluft, sie haucht ein mildes Lied,
Die Sterne funkeln, klar und wunderbar,
Die Nacht verspricht, was der Tag nicht bietet.

Das Ewige Blau

Am Himmelszelt, so weit und klar,
Ruht sanft das ewig blaue Meer,
Unendlich still, aus Fernen nah,
Erzählt es Geschichten, alt und schwer.

Die Wolken zieh'n, in Form und Farben,
Spiegeln der Seele stilles Bild,
Im Wandel stets, doch nie verdarben,
Hält fest der Himmel, was er will.

Die Vögel ziehen ihre Kreise,
So frei im ew'gen Himmelstanz,
Sie singen leise Lieder, leise,
Und fliegen hoch in das Ewige Blau, ganz.

Kein Ende dort und kein Beginnen,
Ein Traum, der stets in Blau gefangen,
Wir sehnen uns, zu überwinden,
Das Himmelsblau mit tiefem Verlangen.

Mystische Beschwörungen

Im Dämmerlicht, bei Kerzenschein,
Alte Worte, leis und rein,
Die Magie aus alter Zeit,
Beschwörungen in Ewigkeit.

Mit Symbolen, Kreis aus Kreid',
Erwacht die Kraft, die ewig bleibt,
Flüstern Geister im Windeshauch,
Die Mystik ruft, nimmt ihren Lauf.

Beschwörer tanzt, das Herz so schwer,
Die Schatten lauschen, kommen näher,
Der Zauber webt, ein ewig Band,
Verknüpft das Hier mit anderem Land.

Vibration im Raum, es pulsiert,
Die Energie sich manifestiert,
Ein Blitz, ein Klang, die Luft erstarrt,
Das Mysterium, so alt und zart.

Dschungelflüstern

Tief im Grünen ruht Geheimnis schwer,
Das Flüstern alter Bäume,
Vom Lianenschleier weiß es mehr,
Ein Echo wie in Träumen.

Exotisch ruft der Vogelsang,
Versteckt in dichtem Laube,
Die Stille hat hier keinen Klang,
Nur Leben, das im Dschungel raube.

Das Glitzern in des Flusses Flut,
Erzählt von fernen Zeiten,
Wo Jaguar lautlos wandern tut,
Im Einklang der Gezeiten.

Das Rascheln und das Raunen sacht,
Die Seele des Verborgnen lacht,
Das Dschungelflüstern, nahe, fern,
Hält all die Wunder fest und gern.

Raunen der Nacht

Im Dämmerlicht, leis und sacht,
zwei Schatten sich zusammenkneifen,
das Raunen der Nacht, voller Pracht,
spürt man geheimnisvoll begreifen.

Sterne funkeln mit sanfter Macht,
erzählen Geschichten, die schweifen,
durch die Dunkelheit, bei der Wacht,
der Nacht, die in Träume wirft ihre Keimen.

Kühler Wind, er trägt eine Fracht,
von ferner Stille, kaum zu greifen,
alles schläft, nur die Sternenacht,
wacht und lässt die Zeit entgleiten.

Heimlich flüstert ohne Pracht,
der Mond, so bleich und weiß, beim Scheifen,
die Welt ruht, bis das Morgen erwacht,
bei dem Raunen der Nacht, dem leisen.

Gezeitenzyklus

Wellen kommen, Wellen gehen,
Gezeiten zieh'n vorbei im Reigen,
Meeresrauschen, ewig stehen,
im Zyklus fest, den sie beschweigen.

Flut hebt sanft, was war, zum Sehen,
zieht zurück und lässt sich neigen,
Küstenlinien neu umwehen,
und mit Salzschaum weislich zeugen.

Mondkraft, unsichtbar im Wehen,
lenkt des Wassers tiefe Steigen,
mit Geheimnis, stets im Verstehen,
dass sich Land und Meer neig'n im Schweigen.

Holde Zeit, im Kommen, Flegen,
Leben, das sich lässt bezeigen,
durch den Gezeitenzyklus gegeben,
im Werden, Vergehen – die Ewigkeit zum Zeigen.

Das Lied der Kokospalmen

Unter Sonnenbann, so weit,
Kokospalmen sich wiegen feierlich,
im Windeslied, erzählen Zeit,
von ferne Ländern, träumerisch.

Blätterrauschen, stets bereit,
spielen Melodien, Ganz und sichtlich,
eas Meer rollt heran, weit und breit,
wie das Lied der Kokosnacht, leise, schlichtlich.

Kokosnüsse, schwer, im Kleid,
runzlig, braun, doch innen licht,lich,
tragen Wasser, süß und leit,
unter Palmenkronen, schimmernd, dichtlich.

Grüne Wipfel, hoch und schneit,
singen Lieder, warm und richtig,
wohlig tropisch, ohne Streit,
im Lied der Kokospalmen, nagend, stichtlich.

Ruhe des Mangrovenwaldes

Still ruht der Wald, im Wassergraben,
Mangrovenwurzeln, tief versunken,
Ort des Lebens, in Ruhe laben,
wo die Schatten, ins Grün, gebunken.

Wasser spiegelt, ohne Habe,n
Tiergesang, in Echos, schwanken,
Schutz und Heimat, gibend Gabe,n
zwischen Gezeiten, voller Danken.

Labyrinthe, grünes Laben,
Wurzelwege, kunstvoll, trunken,
mirakelhaft, in Stille schaben,
Kraft der Natur, niemals geschrumpfen.

Frieden atmet, dort, im Haben,
wo die Mangroven sich verschranken,
in Harmonie, die Welten weben,
die Ruhe des Mangrovenwaldes, den wir umranken.

Sternenhimmel über Ubud

Sterne leuchten über Bäumen,
Das sanfte Funkeln wie in Träumen.
Kühle Nacht hier in Indonesien,
Schweigen spricht in Poesien.

Die Palmen wiegen sich im Wind,
Als flüsterten sie mit einem Kind.
Das Firmament voll stiller Lieder,
Sternenhimmel, sink zu mir nieder.

In Ubud herrscht die tiefe Ruh',
Ich schaue auf und atme zu.
Die Milchstraße in voller Pracht,
Hat mir den Frieden heut' gebracht.

Das Dunkel ist voll Harmonie,
Als ob der Himmel fragt: 'Bist du nie?
Dem Licht der Sterne ganz entflohn?'
Die Nacht ist hier ein sanfter Sohn.

Schatten im Paradies

Unterm Blätterdach versteckt,
Wo die Stille Seele weckt.
Flüstert leise in den Schatten,
Paradies hat auch matte Matten.

Licht und Dunkel Hand in Hand,
Spielt das Schattenspiel am Strand.
Ein Paradies nicht frei von Sorgen,
Doch voller Hoffnung auf das Morgen.

Wellen waschen all die Sorgen,
Schwemmen Ängste fort bis morgen.
Doch im Paradies der Stille,
Lauscht man Schatten gegen Wille.

Tropenregen fällt herab,
Nährt den Boden, gibt ihm Kraft.
Zwischen Pflanzen, Tier und Blüte,
Schatten bleibt doch stets im Güte.

Lied der Feuertänzer

Flammen züngeln in die Nacht,
Eine Glut, die leise kracht.
Feuertänzer, ihr Geleit,
Tanzt ihr Lied in Ewigkeit.

Jedes Drehen, jeder Schritt,
Im Verbund mit Flamme's Glitt.
Hüpft und springt im Feuerschein,
Die Welt erscheint gar klein und fein.

Trommeln schwingen, Herzen klopfen,
Beim Tanz der Flammen kann man hoffen.
Im Rhythmus der entfachten Glut,
Gibt der Feuertanz uns Mut.

Sie drehen sich, in Rot und Gelb,
Zeigen uns eine andere Welt.
Das Spiel mit dem geheimen Feuer,
Erweckt die Nacht zu neuer Feier.

Tanzende Blätter

Leicht und luftig, hoch im Flug,
Tanzen Blätter, ohne Trug.
Wirbelnd in der Herbstluft klar,
Ein Ballett, so wunderbar.

Von der Eiche, von der Birke,
Jeder Tanz ein Meisterwerke.
Hin und her und rundherum,
Wie von Geigenstrich und -drum.

Wenn die Böe Blätter greifen,
Sie in Wirbeln stetig streifen.
Sanfte Walzer, wirre Tangos,
Mit dem Windes wildem Fangos.

Sieh doch nur das Blattgeflüster,
Spürst du nicht den Herbsteslüster?
In dem Tanz der Blätterleicht,
Wird die Endlichkeit erreicht.

Frangipani-Melodie

Unter Blüten, die sanft fallen,
leise Lieder in der Luft schallen.
Frangipaniduft, süß und rein,
Webt ums Herz ein Sehnsuchtsklein.

Zweige wiegen sich im Wind,
Lieder, die wie Wiegen sind.
Sonnenstrahlen malen bunt,
Harmonie in jeder Stund'.

Auf der Haut, ein zarter Kuss,
vom Frangipaniblütenfluss.
Melodien, die leise weh'n,
In Gedanken stets besteh'n.

Ein Lied, das in der Seele wohnt,
hat die Stille sanft belohnt.
Frangipanis süßer Chor,
trägt die Träume himmelwärts empor.

Nachtmarktgeflüster

Laternen schimmern, Reih' an Reih',
Der Nachtmarkt ruft, wir sind dabei.
Stimmen summen, Preise flüstern,
In Gassen, welche Geheimnisse lüstern.

Duft von Gewürzen, exotisch und scharf,
Buntgemischtes Treiben, nicht zu knapp.
Tücher flattern im Abendhauch,
Händler rufen, ein alter Brauch.

Jede Ecke erzählt eine Geschichte,
vom Alltag und von der Marktgerichte.
Flüstern und Feilschen, das ist die Kunst,
hier wird gehandelt mit Herz und mit Gunst.

Die Nacht verwebt Wahrheit und Mythen,
während die Sterne am Himmel glühen.
Marktgeflüster, es webt und spinnt,
unter dem Mond, der stets gewinnt.

Insel der Harmonie

Im azurblauen Meer versunken,
Die Insel der Harmonie, unumwunden.
Friedvolle Stille, Wellen, die wiegen,
Einen Ort der Ruhe und der Siegen.

Palmen, die sich zum Himmel streck'n,
Früchte, die nach Süße schmeck'n.
Sand so weiß und Wasser klar,
Ein Paradies, wahrhaftig und wunderbar.

Vögel singen im Gleichklang Chöre,
Kein Laut dringt vor, Ruhe vor den Tore.
Blumen, in den buntesten Farben,
Laden die Seele zum Verweilen, zum Harben.

Sonne senkt sich, rotgolden Licht,
Auf das Meer, das in der Stille spricht.
Harmonie, die ewig lebt,
Inseltraum, der Frieden webt.

Kerobokan Geheimnisse

Kerobokan, wo Gassen flüstern,
Geheimnisse in Schatten düstern.
Alte Mauern, Geschichten bergen,
Von einem Leben voller Werden und Sterben.

Flüsternde Winde, die Legenden tragen,
zu denen, die nach Wahrheit fragen.
Gesichter, die in Dunkelheit schauen,
und auf alte Weisheit bauen.

Mystisches Echo in den Nächten,
Von Geistern, die Geschichten flechten.
Kerobokan, versteckt, verwinkelt,
Wo das Rätselhafte blinkt und klingelt.

Geheimnisvolle Wege, enge Strassen,
Sind mit vielen Rätseln eng verlassen.
Hier lebt die See, das alte Band,
Kerobokan, unbekanntes Land.

Zeitlose Wellen

Auf ewigen Pfaden, die Wellen sie wandern,
Zerbrechen am Strand, immer wieder, stets ander'n,
Das Rauschen erzählt von Gezeiten so alt,
Wie die Mondin am Himmel still ihre Bahn malt.

Ein Flüstern aus Tiefe, von Sturmwind getragen,
Ein Seufzer der Welt, in den salzigen Klagen,
Die Zeit sie verweilt, doch die Wellen nie ruh'n,
Sie tanzen und sterben im endlosen Blau'n.

Am Horizont fern, wo das Wasser weist Glanz,
Verschmelzen die Träume mit nächtlichen Tanz,
Zeitlose Wellen, in Ewigkeit Lied,
Sie singen von Welten, die Augen nie sicht'n.

Gischt sprüht wild empor bei der Felsen Gezänk,
Als wollt' jede Welle entflieh'n ihrem Zwäng,
Doch zieht sie zurück, ins Unendliche weit,
In Rhythmen gefangen, aus Zeit und Gezeit.

www.ingramcontent.com/pod-product-compliance
Lightning Source LLC
LaVergne TN
LVHW010601070526
838199LV00063BA/5031

Inselgeheimnisse

Im Schatten der Palmen, Geheimnisse warten,
Verborgen in Grün, eine Flüsterparten,
Die Insel sie kennt jede Sage genau,
Versteckt sie in Wipfeln, bei Tropfstein und Tau.

Die Sonne sie sinkt, und der Nebel steigt auf,
Hüllt Strände in Schweigen, nimmt Tag in den Kauf,
Und wispernd beginnen die Inselgeheimnisse,
Geschichten von Liebe, von Sturm und von Brise.

Mondlicht durch Silberblätter sich windet,
Erzählt von den Schatten, die sich hier finden,
Die Mystik der Insel in Nächten erwacht,
Bewahrt ihre Rätsel in stiller Pracht.

Nimm einen Moment, hör den Wellen nur zu,
Sie tragen die Flüster, der Insel im Nu,
Inselgeheimnisse, im Sande versteckt,
Nur jenen bekannt, der tiefer entdeckt.

Tempeltänzer im Mondschein

Im silbernen Licht des Mondes erwachten,
Die Säulen sie glänzen in nächtlichen Prachten,
Tempeltänzer, mit leisen Schritten sie dreh'n,
In ihrem Tanz die Göttergeschichten versteh'n.

Sie wirbeln, sie schweben, die Stoffe leicht wallen,
Die Schritte in Einklang, sie erzählen von Ballen,
Der Mondschein, er spielt in ihrem Gewand,
Ein Reigen im Dunkel, von Sternen umspannt.

Die Mauern sie hören das Flüstern der Schritte,
Tragen es weiter durch Mythen und Ritte,
Tempeltänzer im Mondschein, so alter Gesang,
In ihren Bewegungen liegt Zauber so lang.

Sanfte Gebärden, Gestik so rein,
Erzählen von Welten, fern und allein,
Im Mondglanz erleuchtet, die Nacht durch sie spricht,
Von Tempeltänzern und ihrem ewigen Licht.

Geister der Reisfelder

Zwischen Halmen und Wasser, im Dämmerschein sacht,
Die Reisfelder flüstern in der Nacht,
Geister, sie tanzen auf nebligem Grund,
Ihre Geschichten erzählen, in stiller Stund'.

Das Rascheln des Reises, wie Lieder so alt,
Mit jeden Bewegen, die Legende entfaltet,
Schleierhaft tragen sie das Echo der Zeiten,
Durch grüne Teppiche, die sich weit erstrecken.

Ein Hauch von Wispern, im Mondschein ganz leise,
Erzählt von der Ernte, der Freude, den Reisen,
Geister der Reisfelder, vom Winde verweht,
Wo Mythos und Wahrheit sich sanft umscheint.

In der Frühe, wenn Nebel den Tag noch verhüllt,
Die Stille gebrochen, vom Morgentau stillt,
Die Geister sie ziehen, in den Alltag zurück,
Doch in jedem Halm bleibt ihr stilles Glück.